LÖSUNGEN

2

VERITAS
Gemeinsam besser lernen

(Zum Heraustrennen dieses Lösungsheftes die mittlere Klammer lösen.)

Liebe Eltern,

Rechtschreib- und Grammatikkompetenz steigern, die Begeisterung für Sprache wecken und fördern – das alles gelingt mit den Übungen dieses Ferienheftes. Damit ist ihr Kind **bestens auf das neue Schuljahr vorbereitet** – ein klarer Vorteil für die weitere Schullaufbahn.

In 15 überschaubaren Tagesportionen werden verschiedene Themenbereiche der Rechtschreibung, Grammatik und Sprachbetrachtung behandelt und vertieft.

So funktioniert es:

- Ihr Kind kann die **15 Lerntage** über den Sommer verteilen oder die letzten **zwei bis drei Wochen vor Schulbeginn** nutzen.
- **Belohnen** darf sich ihr Kind nach jedem Lerntag selbst, indem es jeweils eine Frage von S. 38 beantwortet und den entsprechenden Bildausschnitt auf S. 39 bunt bemalt. Das ergibt schließlich ein schönes Gesamtbild.
- Übrigens: **Anerkennung** für geleistete Arbeit motiviert Ihr Kind. Bestätigen und ermutigen Sie es, auch wenn vielleicht nicht immer alles richtig ist.
- Mit diesem herausnehmbaren Lösungsheft ist eine **Selbstkontrolle** ganz einfach, denn jede Seite ist hier nochmals mit der Lösung abgebildet.

Achtung: Alle Lösungen sind hier in Blau eingetragen.

Manche Übungen sind individuell zu lösen **indiv.**.

Diese Übungen sollen in ein Heft geschrieben werden!

Liebe Grüße,
Catherine Salomon und Jutta Schabhüttl

1 Namenwörter

In jedem Salatkopf ist ein Namenwort versteckt. Schreibe es richtig darunter!

Birne — *Vogel* — *August* — *Flasche*

Ampel — *Becher* — *Ferien* — *Hase*

2 Bildgeschichte

In dieser Bildgeschichte sind die Bilder durcheinander. Nummeriere die Bilder richtig mit den Ziffern 1 bis 4!

3 Rätsel

Finde die Namenwörter, die sich in der Schlange versteckt haben! Kreise sie ein!

1 Wörter mit ie

Finde die passenden Schuhe! Ein Paar ergibt ein Wort. Male jedes Paar mit einer Farbe an oder verbinde sie und schreibe die Wörter auf!

Wiege — *Riese* — *Wiese* — *Stiege*
Fliege — *verlieren* — *kriechen* — *spielen*

2 Punkt, Rufzeichen oder Fragezeichen?

Lauf nicht über die Straße [!] Fährst du mit der U-Bahn [?] Vergiss den Fahrschein nicht [!] Viele Leute sind unterwegs [.] Wann kommt der nächste Bus [?] Wir sind gleich zu Hause [.] Fahren wir auch mit der Straßenbahn [?]

Richtige Lösung: 3 Fragezeichen, 2 Rufzeichen, 2 Punkte

3 Lernwörter

Schreibe die Lernwörter in Schreibschrift auf!

Name heißen groß Mappe Buch Heft Bleistift Füllfeder

Name, heißen, groß, Mappe
Buch, Heft, Bleistift, Füllfeder

1 Tunwörter

In der Sandburg sind acht Tunwörter versteckt. Kreise sie ein und schreibe sie richtig auf!

Tunwörter schreibst du klein!

rollen, malen, spielen, turnen,
springen, rufen, gehen, baden

2 Wörter mit ck

In den Socken haben sich Reimwörter versteckt. Kreise die passenden Reimwörter in derselben Farbe ein und schreibe sie dann auf!

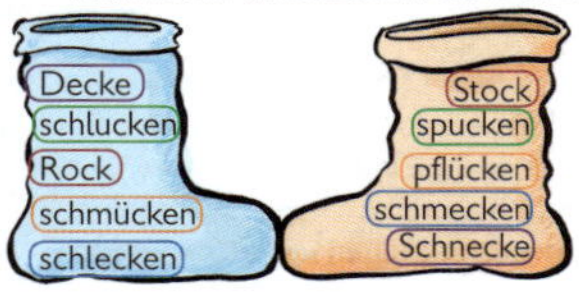

Decke – Schnecke
schlucken – spucken
Rock – Stock
schmücken – pflücken
schlecken – schmecken

3 Rätsel

Lies die Geschichte genau und male das Bild richtig an!

Neben dem gelben Haus mit dem roten Dach steht ein blaues Auto. Am braunen Gartenzaun lehnt ein grünes Fahrrad. Der Bub im Garten spielt mit einem violetten Ball. Sein T-Shirt ist orange, seine kurze Hose blau und seine Schuhe sind braun.

4 Ordnen nach dem ABC

Ordne die Tiere nach dem Alphabet! Von acht Tieren gibt es nur ein Bild. Trage alle Tiernamen richtig in die ABC-Liste ein!

Wenn du dir nicht sicher bist, schlage das Wort in deinem Wörterbuch nach!

A	*Affe*	N	*Nilpferd*
B	*Bär*	O	*Orang-Utan*
C	*Chamäleon*	P	*Pinguin*
D	*Delfin*	Q	*Qualle*
E	*Esel*	R	*Rabe*
F	*Fisch*	S	*Salamander*
G	*Gans*	T	*Tiger*
H	*Hase*	U	*Uhu*
I	*Igel*	V	*Vogel*
J	*Jaguar*	W	*Wal*
K	*Kamel*	X	*Xylophon*
L	*Löwe*	Y	*Yak*
M	*Maus*	Z	*Ziege*

Jaguar Yak
Nilpferd Bär
Gans Qualle
Tiger Kamel
Orang-Utan Salamander
Delfin Uhu
Fisch Igel
Löwe Xylophon
Vogel Chamäleon

Ein Wort ist kein Tiername. Findest du es?
Das Wort heißt: *Xylophon*

5 Lernwörter

Schreibe die Lernwörter in Schreibschrift auf!

Socken stricken flicken zudecken verstecken schreiben lernen rechnen

Socken, stricken, flicken, zudecken,
verstecken, schreiben, lernen, rechnen

1 Wiewörter

Setze die passenden Wiewörter ein!

Das Buch ist *neu*.	Im Winter ist es *kalt*.
Ein *neues* Buch	Ein *kalter* Winter
Die Decke ist *warm*.	Der König ist *reich*.
Eine *warme* Decke	Ein *reicher* König
Der Elefant ist *dick*.	Im Sommer ist es *heiß*.
Ein *dicker* Elefant	Ein *heißer* Sommer

reich dick kalt heiß ~~neu~~ warm

2 Bildgeschichte

Welcher Satz passt zum Bild? Nummeriere!

- *2* Er zieht sein T-Shirt und seine Hose aus.
- *4* Jetzt ist seine Sandburg fertig.
- *1* Julian geht mit Schaufel und Kübel an den Strand.
- *3* Eifrig beginnt er eine Sandburg zu bauen.

3 Rätsel

Finde die Wiewörter und male sie an!

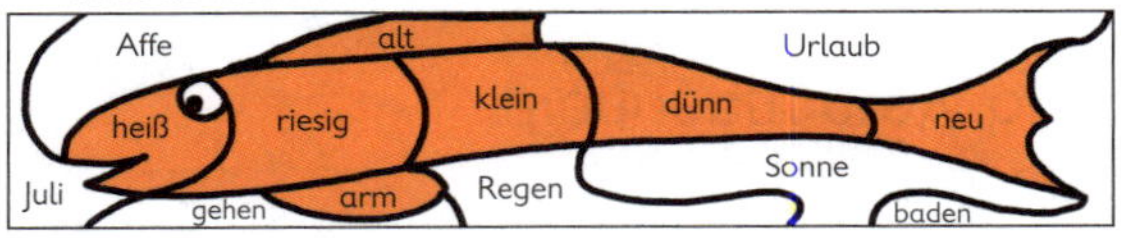

4 tz oder z?

Setze richtig ein und schreibe dann alle **tz**-Wörter auf!

Her *z*, pu *tz* en, schmu *tz* ig, scher *z* en, si *tz* en, kur *z*, schma *tz* en, Sa *tz*, kra *tz* en, Wur *z* el, schwi *tz* en, schwä *tz* en

putzen, schmutzig, sitzen, schmatzen,
Satz, kratzen, schwitzen, schwätzen

5 Selbstlaute und Mitlaute

Male an oder kreise ein: Selbstlaute blau, Mitlaute rot!

A B C D E F G H I
J K L M N O P Q R
S T U V W X Y Z

6 Lernwörter

Schreibe die Lernwörter in Schreibschrift auf!

lesen einkaufen Geld Zeit Monat probieren fliegen zahlen Jahr

lesen, einkaufen, Zeit, Geld, Monat,
probieren, fliegen, zahlen, Jahr

1 Zusammengesetzte Namenwörter

Bilde aus den einzelnen Wörtern acht zusammengesetzte Namenwörter! Male die passenden Fische in derselben Farbe an oder verbinde sie und schreibe sie auf!

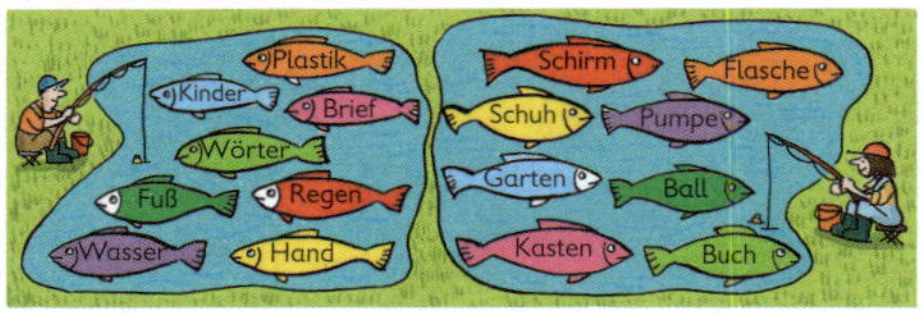

Plastikflasche, Kindergarten, Briefkasten, Wörterbuch,
Fußball, Regenschirm, Wasserpumpe, Handschuh

2 Wörter mit St oder st und Sp oder sp

Sp/St iel, *St* iefel, *St* raße, *Sp* inne, *Sp* itze, *St* ein, *Sp/St* ange,
sp ringen, *st* ehen, *st* ricken, *sp* ielen, *sp* annend, *sp* üren, *st* ören

Trage die Wörter in die richtige Spalte ein!

Sp, sp	St, st
Spiel, Spinne, Spitze, Spange	*Stiel Stiefel, Straße, Stein,*
springen, spielen, spannend, spüren	*Stange, stehen, stricken, stören*

3 Rätsel

Welche zusammengesetzten Namenwörter ergeben sich aus den Bildern?

Apfelbaum *Sonnenschirm* *Autoreifen*

4 Einzahl – Mehrzahl

Kreise die Namenwörter in verschiedenen Farben ein!
eine Frucht: rot, mehrere Früchte: blau
Trage anschließend die Wörter in die Tabelle ein.

Birnen Apfel Kirsche Birne Erdbeeren Äpfel Kirschen Banane Weintrauben

eine Frucht	mehrere Früchte
Apfel	*Äpfel*
Birne	*Birnen*
Kirsche	*Kirschen*
Banane	*Bananen*
Nuss	*Nüsse*
Marille	*Marillen*
Zwetschke	*Zwetschken*
Weintraube	*Weintrauben*
Erdbeere	*Erdbeeren*

Nüsse Marille Zwetschke Marillen Nuss Zwetschken Erdbeere Bananen Weintraube

5 Zu viele Wörter

Lies die Geschichte und streiche die zwölf überflüssigen Wörter durch.

Tim, Paul, Marie und Lea gehen ~~Haus~~ an einem sonnigen Tag ins ~~Birne~~ Schwimmbad. Jeder hat einen Rucksack ~~Wasser~~ mit einem Handtuch, einer Sonnencreme, einer ~~einem~~ Kappe und einer Badehose mit. Im Schwimmbad angekommen, ziehen sie sich sofort um, cremen sich ein ~~um~~ und laufen zum ~~Fußballplatz~~ Schwimmbecken. Nacheinander springen ~~tanzen~~ die vier Freunde ins ~~Badewanne~~ Wasser und schwimmen los. Es macht ihnen ~~rot~~ viel Spaß. Am Abend ~~Kasten~~ gehen sie glücklich wieder nach ~~Schwimmbad~~ Hause. Das war ein schöner ~~violetter~~ Ferientag.

6 Lernwörter

Schreibe die Lernwörter in Schreibschrift auf!

heute, gestern, morgen, anziehen, krank, gesund, stark, schwach

heute, gestern, morgen, anziehen,
krank, gesund, stark, schwach

1 Bilderrätsel

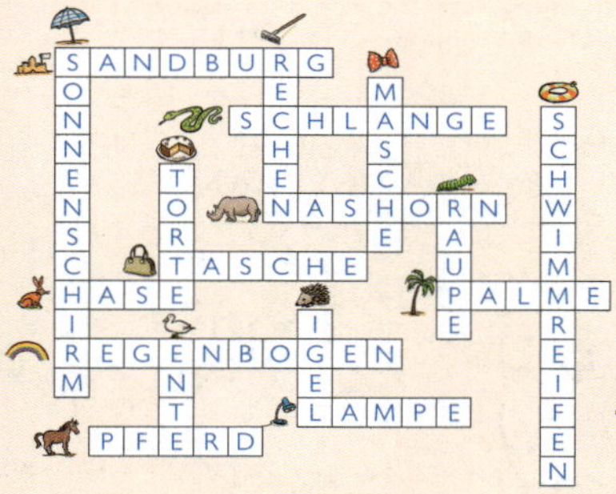

2 Punkte verbinden

Verbinde die Zahlen von 1 bis 30 der Reihe nach!

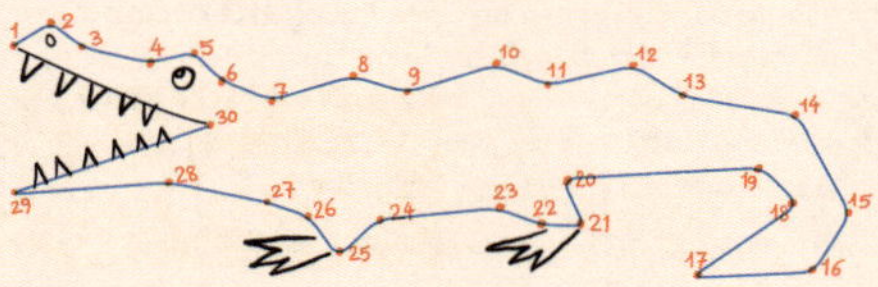

3 Da ist etwas falsch!

Wie heißen die Tiere richtig? Schreibe sie auf!

KROKODAL GERAFFE PANGUIN IFFE
LÖWU SOOPFERDCHEN ELAFANT NULPFERD

Krokodil, Giraffe, Pinguin, Affe,
Löwe, Seepferdchen, Elefant, Nilpferd

4 Schwimmende Buchstaben

In diesem Planschbecken schwimmen fast alle Buchstaben des Alphabets.

Welche fehlen? *C F H I S*

Bilde mit den fehlenden Buchstaben Wörter: *Fisch, ich, Schi, sich*

5 Sudoku

Jedes Symbol darf in jeder Reihe, jeder Spalte und jedem Block nur einmal vorkommen!

♥	✱	▲	■
■	▲	✱	♥
✱	♥	■	▲
▲	■	♥	✱

Jeder Buchstabe darf in jeder Reihe, jeder Spalte und jedem Block nur einmal vorkommen!

D	C	A	B
B	A	C	D
A	B	D	C
C	D	B	A

6 Silbenschlange

In dieser Schlange findest du Silben. Immer zwei Silben ergeben ein Wort. Kreise beide mit derselben Farbe ein!

1 Wiewörter

Finde zu jedem Wiewort das Gegenteil!

kurz → *lang* warm → *kalt*
alt → *neu* groß → *klein*
gerecht → *ungerecht* hell → *dunkel*
gesund → *ungesund / krank* dick → *dünn*
stark → *schwach* gemütlich → *ungemütlich*

2 Wörter mit Sch und sch

Drei Buchstaben, aber nur ein Laut. Finde zwei Wörter mit:

Sch am Wortanfang: *z. B. Schal, Schere*
sch am Wortanfang: *scharf, schön*
sch in der Wortmitte: *Tasche, waschen*
sch am Wortende: *Mensch, Tisch*

3 Rätsel

Setze die Wörter richtig in das Gitter ein!

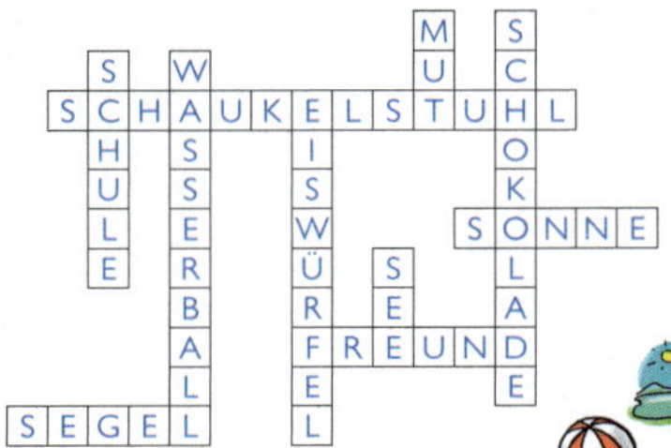

3 Buchstaben: See, Mut
5 Buchstaben: Sonne, Segel
6 Buchstaben: Schule, Freund
9 Buchstaben: Eiswürfel
10 Buchstaben: Wasserball, Schokolade
13 Buchstaben: Schaukelstuhl

4 Ordne diese Früchte nach dem ABC!

Apfel, Banane, Erdbeere, Heidelbeere, Kirsche, Limette,
Melone, Nektarine, Pfirsich, Ribisel, Weintraube, Zitrone

5 Wortfeld gehen

Lies die Sätze! Fällt dir etwas auf?

Emil geht am Strand. Lisa geht langsam an den Schaufenstern vorbei. Susi und Peter gehen auf eine Alm. Andi geht schnell in die Schule. Im Winter geht Mimi gern durch den Schnee.

Setze Wörter ein, die besser passen!

schlendert stapft eilt wandern spaziert

Emil *spaziert* am Strand. Lisa *schlendert* an den Schaufenstern vorbei. Susi und Peter *wandern* auf eine Alm. Andi *eilt* in die Schule. Im Winter *stapft* Mimi gern durch den Schnee.

6 Lernwörter

Schreibe die Lernwörter in Schreibschrift auf!

wandern spazieren schleichen stolpern
marschieren sausen rennen

wandern, marschieren, spazieren,
schleichen, stolpern, sausen, rennen

1 Unterschied: Namenwort – Tunwort – Wiewort

Male alle Bälle mit einem Tunwort rot, mit einem Wiewort grün und mit einem Namenwort blau an. Trage alle Wörter anschließend richtig in die Tabelle ein.

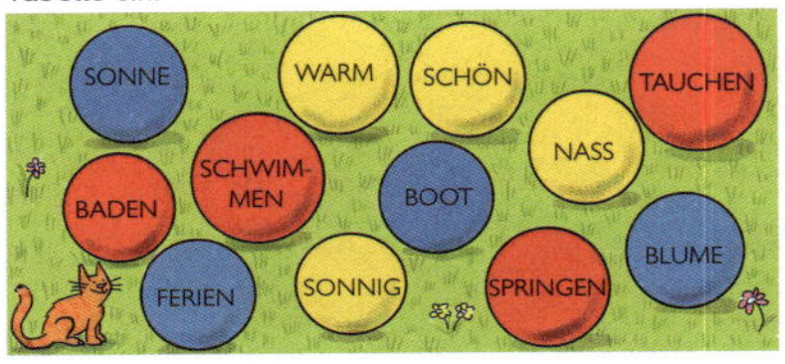

Tunwörter	Wiewörter	Namenwörter
baden, schwimmen,	warm, schön,	Sonne, Ferien,
springen, tauchen	sonnig, nass	Blume, Boot

2 Wörter mit ss

Welche Luftballons gehören zu welchem Kind? Verbinde richtig.

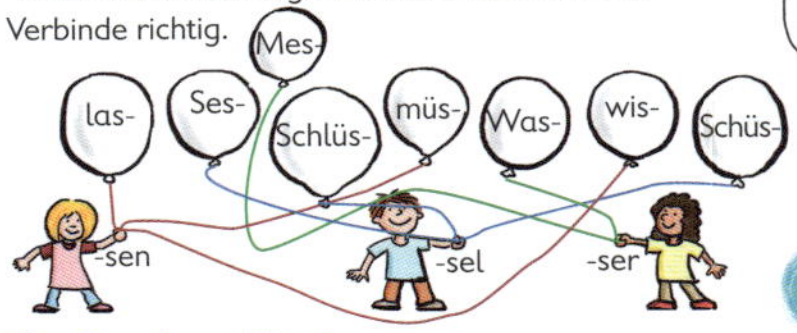

3 Buchstabenrätsel

a	b	c	d	e	f	g	h	i	j	k	l	m	n	o	p	q	r	s	t	u	v	w	x	y	z
1	2	3	4	5	6	7	8	9	10	11	12	13	14	15	16	17	18	19	20	21	22	23	24	25	26

W a s s e r r u t s c h e
23 1 19 19 5 18 18 21 20 19 3 8 5

p l a n t s c h e n
16 12 1 14 20 19 3 8 5 14

f r e i
6 18 5 9

l u s t i g
12 21 19 20 9 7

s c h n e l l
19 3 8 14 5 12 12

4 Wie viele Silben?

Lies die Wörter laut, klatsche zu jeder Silbe und zeichne unter jede Silbe einen Silbenbogen. Schreibe die Wörter in die richtige Baumkrone.

Birne Badehose Kirsche Vogel Eiskugel
Schokolade Sonnenschirm Regenwolken Melone

5 Kreuze richtig an!

Lies die Geschichte und kreuze anschließend die richtigen Aussagen an!

Tobias, Florian und Mariella gehen an einem schönen Ferientag gemeinsam mit ihrer Oma zum Eissalon. Oma kauft jedem Kind eine Tüte mit zwei Eissorten. Tobias nimmt sich Zitrone und Schokolade, Florian Erdbeere und Haselnuss und Mariella Vanille und Erdbeere. Oma bezahlt insgesamt vier Euro und fünfzig Cent.

- [ ] Oma unternimmt mit ihren vier Enkelkindern einen Ausflug.
- [x] Jedes Kind bekommt eine Tüte Eis.
- [x] Florian und Mariella lieben Erdbeereis.
- [ ] Oma bezahlt mehr als fünf Euro.

6 Lernwörter

Schreibe die Lernwörter in Schreibschrift auf!

Auto, Fahrrad, Gefahr, essen, Straße, gehen, fahren, Tier

Auto, Fahrrad, Gefahr, essen, Straße, gehen, fahren, Tier

1 Begleiter

Ordne die Namenwörter den passenden Häusern zu!

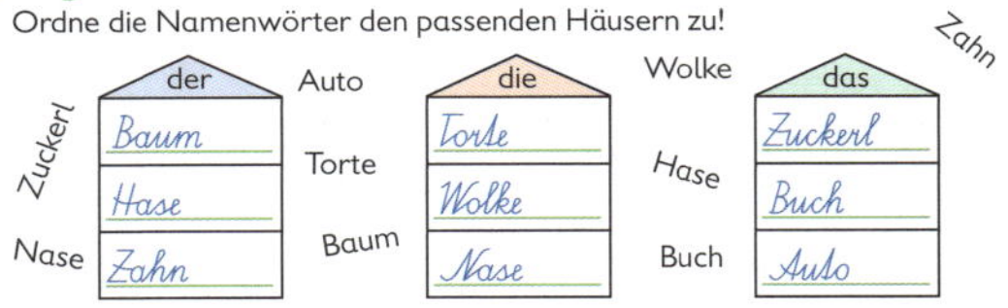

Auch ein und eine sind Begleiter. Setze sie richtig ein!

ein Eis — eine Wiese — eine Kappe
eine Blume — ein Hund — ein Fahrrad

2 Doppelmitlaute

Finde die Reimwörter und schreibe sie auf!

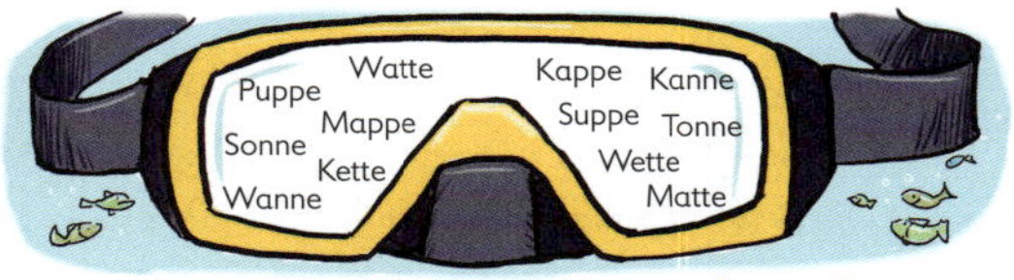

Puppe – Suppe, Watte – Matte, Sonne – Tonne,
Mappe – Kappe, Kette – Wette, Wanne – Kanne

3 Rätsel

A	S	Y	I	A	V	P	F	A	N	N	E	T
G	R	U	P	P	E	O	Z	B	C	F	G	B
T	Y	A	R	P	F	M	I	L	I	P	P	E
E	X	A	T	O	N	K	H	X	W	Z	C	T
F	U	T	T	E	R	E	U	E	M	D	H	T
U	G	A	W	I	O	S	P	I	N	N	E	Z

4 Teile die Wörter ab!

Aus wie vielen Silben bestehen sie? Trage die Wörter in die Ballons ein!

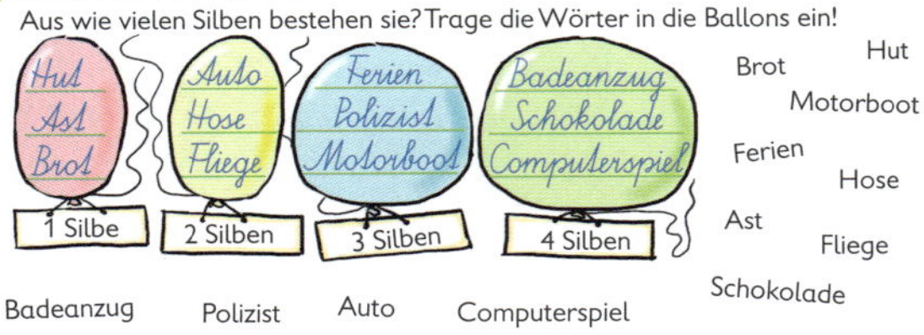

5 Nach dem ABC ordnen

Ordne die folgenden Wörter nach dem zweiten Buchstaben!

6 Lernwörter

Schreibe die Lernwörter in Schreibschrift auf!

süß viel kleben Vater
brav Kartoffel Brief Frühling

süß, brav, viel, Kartoffel, Brief,
kleben, Vater, Frühling

1 Unterschied: Namenwort – Tunwort – Wiewort

Unterstreiche mit dem Lineal alle Namenwörter blau, alle Tunwörter rot und alle Wiewörter grün. Trage die Wörter anschließend in die Tabelle ein.

Auf dem Bauernhof

Der kleine Hase hoppelt über den Hof. Die braunen Kühe stehen im großen Stall. Die jungen Ferkel wälzen sich im Schlamm und quieken. Der alte Hund bellt laut, wenn die rote Katze eine graue Maus jagt.

Namenwörter	Tunwörter	Wiewörter
Bauernhof, Hase,	hoppelt, stehen,	kleine, braunen,
Hof, Kühe, Stall,	wälzen, quieken,	großen, jungen,
Ferkel, Schlamm,	bellt, jagt	alte, laut, rote,
Hund, Katze, Maus		graue

2 Setze die Wörter mit V oder v richtig ein!

vor, vier, Vogel, Vase, Vater, Veilchen, viel, vorbei, Villa, Vieh

Mein Vater pflückt vier lila Veilchen.	Der Vogel fliegt an einer Villa schnell vorbei.	Die Vase steht vor dem Obstkorb.	Das Vieh frisst sehr viel Heu.

3 Rätsel

Male alle Felder an, in denen ein V-Wort steht!

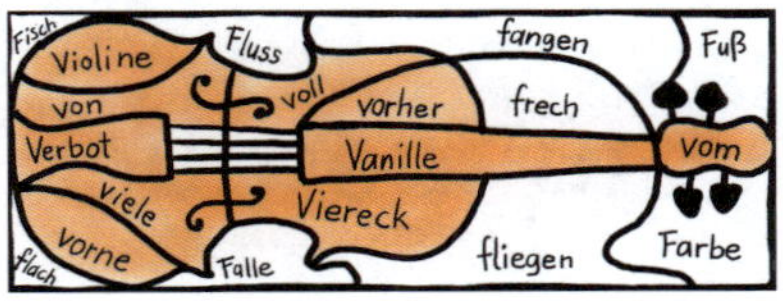

4 Wörter mit ff, ll und mm

Male die Seifenblasen mit ff-Wörtern grün, mit ll-Wörtern rot und mit mm-Wörtern blau an. Trage die Wörter anschließend in die Tabelle ein.

Wörter mit ff	Wörter mit ll	Wörter mit mm
offen, Affe,	Ball, Brille, Wolle,	stumm, Lamm,
schaffen, Koffer,	still, hell, schnell,	Kamm, Himmel,
öffnen, Löffel,	wollen	schwimmen,
hoffen		summen, Hammer

5 Richtig oder falsch?

Lies dir die Sätze aus Übung 1 nochmals durch und kreuze „richtig" oder „falsch" an.

	richtig	falsch
Auf dem Bauernhof gibt es schwarz-weiße Kühe.		X
Eine graue Maus wird vom Hund gejagt.		X
Die Kühe stehen in einem großen Stall.	X	
Die jungen Ferkel quieken.	X	
Laut bellt der junge Hund.		X
Drei kleine Hasen hoppeln über den Hof.		X

6 Lernwörter

Schreibe die Lernwörter in Schreibschrift auf!

sauber, gefährlich, arbeiten, Tante, Onkel, Bruder, Schwester, spät

sauber, gefährlich, arbeiten, Tante, Onkel, Bruder, Schwester, spät

1 Namenwörter – Tunwörter – Wiewörter

In der Schlange findest du neun Wörter. Trage sie richtig in die Tabelle ein!

Namenwörter	Tunwörter	Wiewörter
Roller	baden	kurz
Mond	lesen	laut
Brille	naschen	hart

2 F oder V?

Schreibe die F-Wörter in das Fass und die V-Wörter in die Vase!

F ahrrad
V ogel
V ioline
F ahne
V anille
F arbe
F enster
V ater

3 Rätsel

Kennst du das ABC? Verbinde die Buchstaben in der richtigen Reihenfolge, beginne mit A!

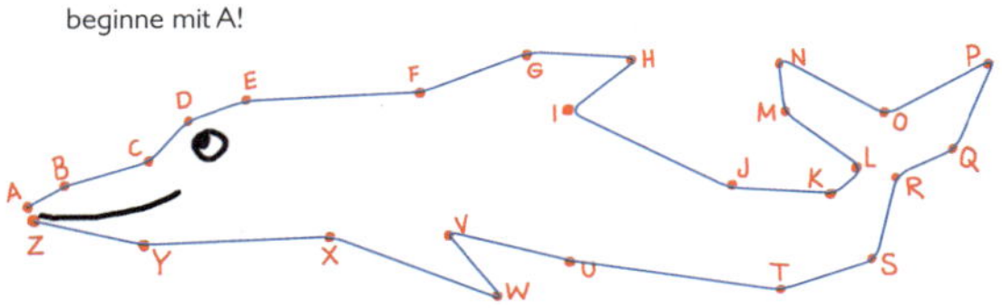

4 Tunwörter verändern sich

Trage richtig ein!

gestern	heute
Ich habe gelesen.	Ich lese.
Ich habe gesungen.	Ich singe.
Ich habe gebadet.	Ich bade.
Ich habe gegessen.	Ich esse.
Ich habe gelacht.	Ich lache.
Ich habe gespielt.	Ich spiele.

5 Finde die Anfangsbuchstaben!

Achte auf die Groß- und Kleinschreibung!

F, D, H, G, I, F, K, N, ST, U, A, F, A, SCH

Familie Berger fährt in den Urlaub. Herr Berger verstaut das Gepäck im Kofferraum. Frau Berger und die Kinder Markus und Maria steigen ein. Nach wenigen Stunden Fahrt sind sie am Urlaubsort angekommen. Jetzt freuen sich alle auf ein paar schöne Tage.

6 Lernwörter

Schreibe die Lernwörter in Schreibschrift auf!

Telefon, Buchstabe, Nummer, läuten, laut, telefonieren, früh, spät

Telefon, Buchstabe, Nummer, läuten,
laut, telefonieren, früh, spät

1 Wörtersuchsel

Hier haben sich sechs Obstsorten versteckt!

Apfel
Erdbeere
Banane
Melone
Kirsche
Birne

2 Labyrinth

Hilf Maxi, den Weg zum Strand zu finden!

3 Schau genau!

A	X	H	U	E	Z	A
H	R	Y	B	G	D	X
Y	R	G	E	Z	B	U
R	E	A	Y	G	U	H
Z	H	X	B	X	R	B
G	A	H	E	Z	R	U

Lösung: *D*

4 Lies und male an!

1. Der erste Ball ist grün.
2. Der rote Ball liegt nicht neben dem grünen.
3. Der blaue Ball liegt in der Mitte.

5 Wer hat welches Lieblingsobst?

Kirsche: *Ivan* Banane: *Julia* Birne: *Tarek*

6 Was heißt denn das? Schreibe fertig!

Gut gemacht!

1 Begleitwörter ein und eine

Setze im Lückentext die unbestimmten Begleiter ein und eine richtig ein!

Ein Polizist schreibt einen Strafzettel, weil *ein* Mann bei Rot über *eine* Straße gefahren ist. *Eine* Schnecke kriecht langsam über *ein* Blatt. *Ein* Bauer fährt mit seinem Traktor über *ein* Feld. *Ein* Hund bellt laut, *eine* Katze miaut und *ein* Vogel piepst.

2 Wörter mit stummem h

Rahme das stumme h bei allen Wörtern ein! Ordne anschließend die Wörter richtig in die Waggons ein.

Zahl Ohr mehr Jahr sehr Sohn Reh Mohn Bahn Lohn Hahn fehlen Gefahr zehn ohne

3 Suchbild

Im linken Bild haben sich zehn Fehler versteckt. Finde sie und kreise sie ein!

4 Aus Satzbausteinen Sätze bauen

Bilde aus den Satzbausteinen vier sinnvolle Sätze und schreibe sie auf! Schlage die fehlenden Wörter im Wörterbuch nach, wenn du nicht sicher bist, wie man sie schreibt.

Ich	kann	mit einer	Bilder	gießen.
		mit einem	Fische	schießen.
		mit einer	Blumen	malen.
		mit einem	Tore	fangen.

Ich kann mit einer Angel Fische fangen.
Ich kann mit einem Fußball Tore schießen.
Ich kann mit einer Gießkanne Blumen gießen.
Ich kann mit einem Buntstift Bilder malen.

5 ihm oder ihn?

Setze ihm oder ihn richtig ein!

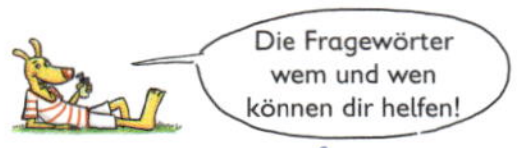

Ich kenne *ihn*. Du gibst *ihm* den Ball. Der Bub ruft *ihn* ganz laut. Er hört *ihn* aber nicht. Die Jause gehört *ihm*. Er holt für *ihn* einen Apfel. Der Apfel schmeckt *ihm* sehr gut. Die Mama gibt *ihm* einen dicken Kuss und winkt *ihm* nach.

Lösung: 5 x ihm, 4 x ihn

6 Lernwörter

Schreibe die Lernwörter in Schreibschrift auf!

Hase, fragen, sagen, reden, streiten, still, stehen, Kopf

Hase, fragen, sagen, reden, streiten, still, stehen, Kopf

1 Zusammengesetzte Wiewörter

Finde immer zwei Puzzleteile, die zusammengehören. Bilde aus den beiden Wörtern ein Wiewort!

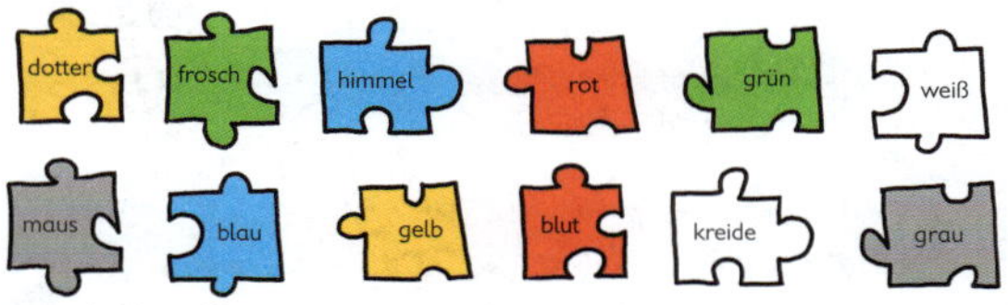

dottergelb	froschgrün	blutrot
mausgrau	himmelblau	kreideweiß

2 Ordne die Wörter mit K oder k richtig ein!

K oder k am Wortanfang	k in der Wortmitte	am Wortende
kalt	winken	flink
Katze	Traktor	Tank
kleben	tanken	pink

Katze tanken winken Traktor pink flink kalt Tank kleben

3 Rätsel

Schreibe nur den Anfangsbuchstaben auf!

S U P E R H I R N

4 Bildgeschichte

Zu jedem Bild passen zwei Sätze. Schreibe sie auf und finde eine Überschrift!

individuelle Lösung

Überschrift

Max hat ein neues Fahrrad. Heute möchte er einen Ausflug machen.

Er setzt seinen Helm auf. Jetzt kann es losgehen!

Nach wenigen Metern hört er ein lautes Zischen. Er bemerkt den Patschen am Vorderrad.

Traurig schiebt er sein Rad heim. Das war ein kurzer Ausflug!

Er setzt seinen Helm auf.	Er bemerkt den Patschen am Vorderrad.
Das war ein kurzer Ausflug!	Nach wenigen Metern hört er ein lautes Zischen.
Heute möchte er einen Ausflug machen.	Max hat ein neues Fahrrad.
Traurig schiebt er sein Rad heim.	Jetzt kann es losgehen!

5 Lernwörter

Schreibe die Lernwörter in Schreibschrift auf!

anstrengen, schwimmen, Birne, Ampel, Vogel, August, lieb, grün

anstrengen, schwimmen, Birne, Ampel,
Vogel, August, lieb, grün

1 Tunwörter verändern sich!

Trage die Tunwörter in die richtige Spalte ein!

tanze, schwimmt, gehst, schaukelt, trinkst, hüpfe, wirft, esse, liest

Ich tanze.	Du gehst.	Marie schwimmt.
Ich hüpfe.	Du trinkst.	Marie schaukelt.
Ich esse.	Du liest.	Marie wirft.

Wie verändern sich folgende Tunwörter?

lernen: Ich lerne. → Du lernst. → Er lernt.

spielen: Ich spiele → Du spielst. → Sie spielt.

2 Aus a wird ä, aus o wird ö, aus u wird ü!

Suche die passenden Wörter, trage sie ein und finde die Mehrzahl!

ein/eine	viele	ein/eine	viele
ein Ball	viele Bälle	ein Hut	viele Hüte
eine Hand	viele Hände	ein Ast	viele Äste
ein Frosch	viele Frösche	ein Loch	viele Löcher
ein Fuß	viele Füße	ein Koch	viele Köche
ein Topf	viele Töpfe	ein Fluss	viele Flüsse
ein Zahn	viele Zähne	eine Kuh	viele Kühe

Kuh Ball Topf Frosch Zahn Loch
Fuß Fluss Hand Koch Hut Ast

3 Rätsel

Finde heraus, was gesucht ist!

Es ist ein Tier und lebt auf dem Bauernhof. Gerne wälzt es sich im Schlamm. Seine Haut ist rosa. Es hat einen Ringelschwanz und kann laut grunzen.

Es ist ein Schwein.

4 Ordnen nach dem ABC

In den Sandtürmen haben sich zehn Wörter mit dem gleichen Anfangsbuchstaben versteckt. Ordne sie richtig nach dem ABC!

packen, Paket, Palme, Panther, Papa,
Park, Pasta, Patient, Pause, Pazifik

5 aa – ee – oo

Rahme die Doppelselbstlaute **aa** rot, **ee** blau und **oo** grün ein.
Ergänze dann den Lückentext.

Haare Meer Aal Zoo
Fee Himbeeren Boot Waage

Leo fährt in einem Boot auf dem Meer.

Die Fee hat goldene Haare.

Der Aal liegt auf der Waage.

Im Zoo essen die Affen Himbeeren.

6 Lernwörter

Schreibe die Lernwörter in Schreibschrift auf!

fahren, Flasche, Becher, süß, Heizung, Weihnachten, Schneemann, November

fahren, Flasche, Becher, süß, Heizung,
Weihnachten, Schneemann, November

1 Begleiter
Schreibe die Namenwörter aus dem Schneckenhaus mit Begleiter auf!

der Hals, das Fass, die Dose, die Quelle, das Tuch,
die Tomate, der Sack, der Zucker, das Wasser

2 In der Mehrzahl wird aus au oft äu!
Vervollständige die Liste!

Einzahl	Mehrzahl	Einzahl	Mehrzahl
der Baum	die Bäume	die Laus	die Läuse
die Maus	die Mäuse	die Faust	die Fäuste
der Raum	die Räume	das Haus	die Häuser

3 Rätsel
Male die Felder, in denen ein Selbstlaut steht, an!

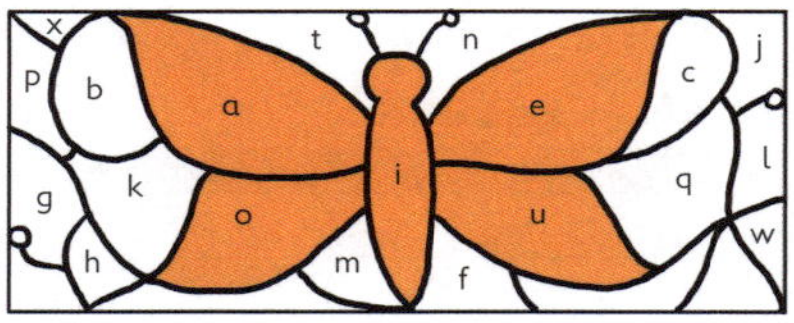

4 Sinnerfassendes Lesen
In jedem Satz ist ein Wort zu viel.
Streiche es durch und schreibe die Sätze richtig auf!

1 Ich gehe ~~liege~~ gerne auf den Spielplatz.
Ich gehe gerne auf den Spielplatz.
2 Julia liest ein ~~Autobus~~ Buch.
Julia liest ein Buch.
3 Fred ist ein ~~eine~~ toller Fußballspieler.
Fred ist ein toller Fußballspieler.
4 Moni isst ~~turnt~~ gerne Schokoeis.
Moni isst gerne Schokoeis.
5 Familie Urban macht Urlaub ~~Dinosaurier~~ am Meer.
Familie Urban macht Urlaub am Meer.
6 Ich gehe bald ~~gestern~~ in die 3. Klasse.
Ich gehe bald in die 3. Klasse.

5 Setze die fehlenden Wörter ein!

trinke – habe gepackt – packe – habe getrunken – werde trinken – werde packen

Gestern habe ich meine Koffer gepackt.
Heute packe ich meine Koffer.
Morgen werde ich meine Koffer packen.

Gestern habe ich Limonade getrunken.
Heute trinke ich Limonade.
Morgen werde ich Limonade trinken.

6 Lernwörter
Schreibe die Lernwörter in Schreibschrift auf!

Montag, Dienstag, Mittwoch, Donnerstag, Freitag, Samstag, Sonntag

Montag, Dienstag, Mittwoch, Donnerstag,
Freitag, Samstag, Sonntag

1 Namenwörter – Tunwörter – Wiewörter
In jedem Satz fehlen zwei Wörter. Suche die passenden aus dem Wörtersack, umkreise sie mit der richtigen Farbe und trage sie unten ein:
Namenwörter ○ Tunwörter ○ Wiewörter ○

1 Im Schwimmbad treffe ich viele Freunde.
2 Alinas kleine Schwester liest ein Buch.
3 Moritz pflückt viele rote Äpfel.
4 Die Kinder laufen über die Wiese.
5 Der rote Traktor ist laut.
6 Mira und Jonas bauen eine Sandburg.
7 Susi fährt mit dem alten Riesenrad.
8 Auf dem Bauernhof gibt es junge Katzen.
9 Bald beginnt ein neues Schuljahr.

2 Rätsel
Geheimschrift!

J	E	D	E	S		N	A	M	E	N	W	O	R	T		H	A	T
10	5	4	5	19		14	1	13	5	14	23	15	18	20		8	1	20

E	I	N	E	N		B	E	G	L	E	I	T	E	R	!
5	9	14	5	14		2	5	7	12	5	9	20	5	18	

3 Bildgeschichte
Vervollständige die Sätze! Die Wörter unter den Bildern helfen dir dabei.
Finde auch eine passende Überschrift!

individuelle Lösung
Überschrift

Am Morgen putzt sich Lea die Zähne.
Am Vormittag lernt sie in der Schule.
Zu Mittag isst sie eine Suppe.
Am Nachmittag spielt Lea mit Freunden im Hof.
Am Abend liest sie ein Buch.
In der Nacht träumt Lea in ihrem Bett.

4 Lernwörter
Schreibe die Lernwörter in Schreibschrift auf!

Werkzeug, Blätter, einwerfen, billig, Paket, wählen, weiß, buchstabieren

Werkzeug, Blätter, einwerfen, billig,
Paket, wählen, weiß, buchstabieren

schlafen
Zug
Hahn
Himmel
Haus
Vase
kalt
Sandburg
grau
Mond
Gurke
Himbeere
August
Ausflug
Boot
Buch
Wolle
hell
Melone
Fisch
Wasser
Wörterbuch
Februar
Schokolade
Traktor
Topf
Luft
springen
Zitrone
Hose
essen
Hut
groß
Tomate
Sonne
trocken
Schnecke
Freitag

... zum Geschichten-Erzählen

Erzählen ist sehr wichtig – für Kinder und für Eltern. Nehmen Sie sich so oft wie möglich Zeit dafür.
Unter anderem ist Erzählen eine wichtige Vorbereitung für das Verfassen von Texten.

So können Sie Ihrem Kind bei den Erzählanlässen auf Seite 36 helfen:

1 Bildgeschichte

Hilfreiche und abwechslungsreiche Satzanfänge können sein:
Am Samstagnachmittag …
Die Gäste freuen sich …
Der Hund schläft …
Mama übersieht …
Die Torte …

2 Personenbeschreibung

indiv. Folgende Reihenfolge soll beachtet werden:
Körperbau – Figur, Gesicht, Kopf, Ohren, Augen, Nase, Mund, Hände und Arme, Füße und Beine, Kleidung

3 Tätigkeitsbeschreibung

indiv. Besonders hilfreich ist es, wenn Sie mit Ihrem Kind einen Pudding zubereiten. Dann ist der Ablauf klar und das Kind kann sich auf die Erzählung konzentrieren.
Achten Sie darauf, dass die Tätigkeit in der Ich-Form beschrieben wird.
Die Reihenfolge ist wichtig, es soll keine Sprünge geben.

Lassen Sie Ihr Kind auch andere Tätigkeiten erzählen, zum Beispiel:
- einen Skateboardtrick probieren
- einen Kaninchenstall reinigen
- etwas basteln
- einen Weg mit dem Rad/der Straßenbahn zurücklegen

Inhalt

1 Namenwörter

In jedem Salatkopf ist ein Namenwort versteckt.
Schreibe es richtig darunter!

2 Bildgeschichte

In dieser Bildgeschichte sind die Bilder durcheinander.
Nummeriere die Bilder richtig mit den Ziffern 1 bis 4!

3 Rätsel

Finde die Namenwörter, die sich in der Schlange versteckt haben!
Kreise sie ein!

1 Wörter mit ie

Finde die passenden Schuhe! Ein Paar ergibt ein Wort. Male jedes Paar mit einer Farbe an oder verbinde sie und schreibe die Wörter auf!

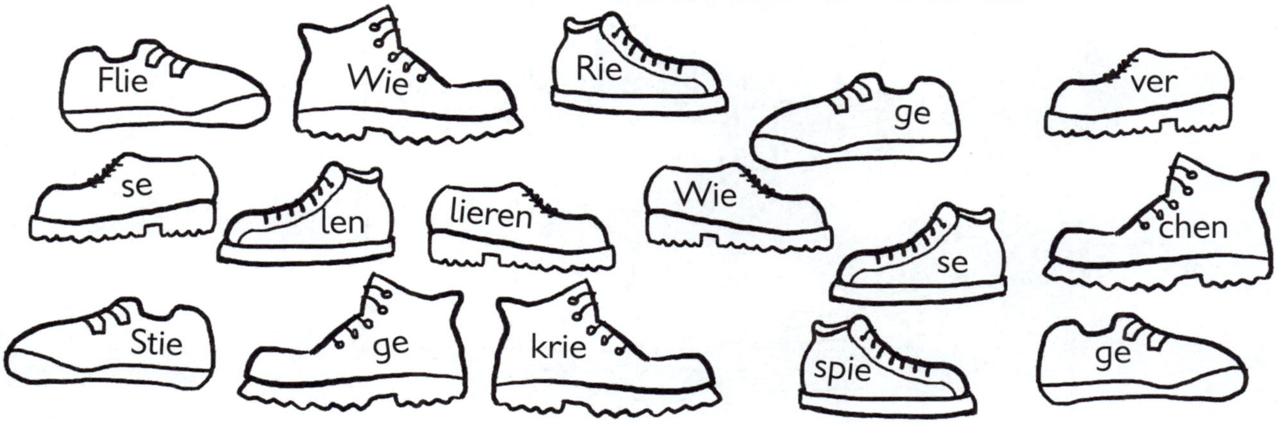

2 Punkt, Rufzeichen oder Fragezeichen?

Lauf nicht über die Straße ☐ Fährst du mit der U-Bahn ☐ Vergiss den Fahrschein nicht ☐ Viele Leute sind unterwegs ☐ Wann kommt der nächste Bus ☐ Wir sind gleich zu Hause ☐ Fahren wir auch mit der Straßenbahn ☐

Richtige Lösung: 3 Fragezeichen, 2 Rufzeichen, 2 Punkte

3 Lernwörter

Schreibe die Lernwörter in Schreibschrift auf!

Name
heißen
groß
Mappe
Bleistift
Buch
Heft
Füllfeder

1 Tunwörter

In der Sandburg sind acht Tunwörter versteckt.
Kreise sie ein und schreibe sie richtig auf!

rollen malen turnen spielen
springen rufen baden gehen

2 Wörter mit ck

In den Socken haben sich Reimwörter versteckt. Kreise die passenden Reimwörter in derselben Farbe ein und schreibe sie dann auf!

Decke Schnecke
schlucken spucken
Rock Stock
schmücken pflücken
schlecken schmecken

3 Rätsel

Lies die Geschichte genau und male das Bild richtig an!

Neben dem gelben Haus mit dem roten Dach steht ein blaues Auto. Am braunen Gartenzaun lehnt ein grünes Fahrrad. Der Bub im Garten spielt mit einem violetten Ball. Sein T-Shirt ist orange, seine kurze Hose blau und seine Schuhe sind braun.

4 Ordnen nach dem ABC

Ordne die Tiere nach dem Alphabet! Von acht Tieren gibt es nur ein Bild. Trage alle Tiernamen richtig in die ABC-Liste ein!

A ________	N ________
B ________	O ________
C ________	P ________
D ________	Q ________
E ________	R ________
F ________	S ________
G ________	T ________
H ________	U ________
I ________	V ________
J ________	W ________
K ________	X ________
L ________	Y ________
M ________	Z ________

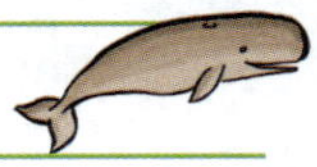

Jaguar
Yak
Nilpferd
Bär
Gans
Qualle
Tiger
Kamel
Orang-Utan
Salamander
Delfin
Uhu
Fisch
Igel
Löwe
Xylophon
Vogel
Chamäleon

Ein Wort ist kein Tiername. Findest du es?
Das Wort heißt: ____________________

5 Lernwörter

Schreibe die Lernwörter in Schreibschrift auf!

Socken, stricken, flicken, zudecken, verstecken, schreiben, lernen, rechnen

____

____

1 Wiewörter

Setze die passenden Wiewörter ein!

Das Buch ist *neu* ________.	Im Winter ist es ________.
Ein *neues* ________ Buch	Ein ________ Winter
Die Decke ist ________.	Der König ist ________.
Eine ________ Decke	Ein ________ König
Der Elefant ist ________.	Im Sommer ist es ________.
Ein ________ Elefant	Ein ________ Sommer

reich dick kalt heiß ~~neu~~ warm

2 Bildgeschichte

Welcher Satz passt zum Bild? Nummeriere!

☐ Er zieht sein T-Shirt und seine Hose aus.
☐ Jetzt ist seine Sandburg fertig.
☐ Julian geht mit Schaufel und Kübel an den Strand.
☐ Eifrig beginnt er eine Sandburg zu bauen.

3 Rätsel

Finde die Wiewörter und male sie an!

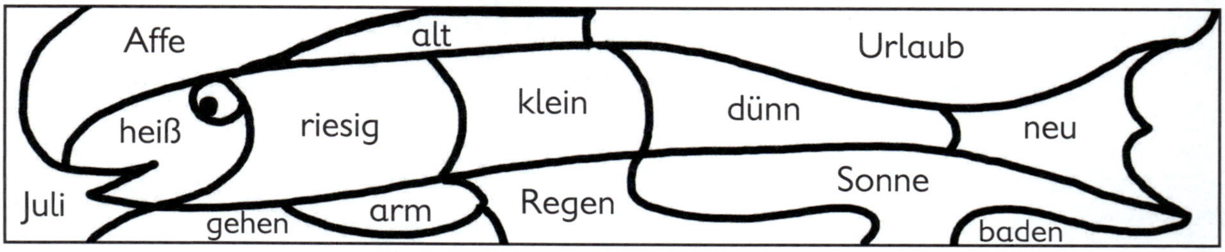

4 tz oder z ?

Setze richtig ein und schreibe dann alle **tz**-Wörter auf!

Her____, pu____en, schmu____ig, scher____en,

si____en, kur____, schma____en, Sa____, kra____en,

Wur____el, schwi____en, schwä____en

5 Selbstlaute und Mitlaute

Male an oder kreise ein: Selbstlaute blau, Mitlaute rot!

A B C D E F G H I

J K L M N O P Q R

S T U V W X Y Z

6 Lernwörter

Schreibe die Lernwörter in Schreibschrift auf!

lesen einkaufen Geld Zeit Monat

probieren fliegen zahlen Jahr

1 Zusammengesetzte Namenwörter

Bilde aus den einzelnen Wörtern acht zusammengesetzte Namenwörter! Male die passenden Fische in derselben Farbe an oder verbinde sie und schreibe sie auf!

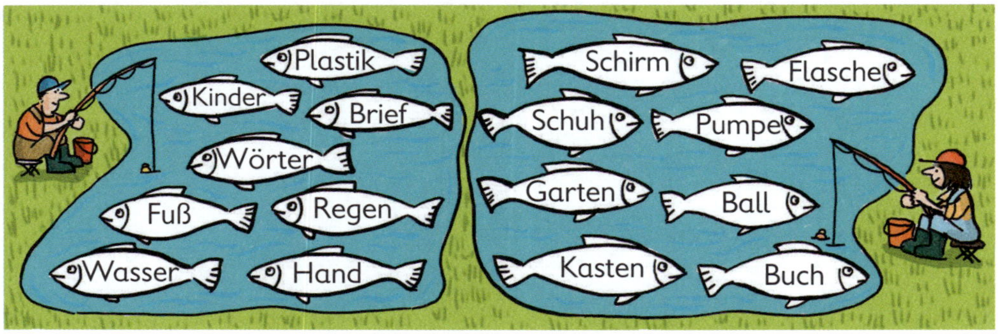

____

____

____

2 Wörter mit St oder st und Sp oder sp

_____iel, ___iefel, ___raße, ___inne, ___itze, ___ein, _____ange,

___ringen, ___ehen, ___ricken, ___ielen, ___annend, ___üren, ___ören

Trage die Wörter in die richtige Spalte ein!

Sp, sp	St, st

3 Rätsel

Welche zusammengesetzten Namenwörter ergeben sich aus den Bildern?

____

____

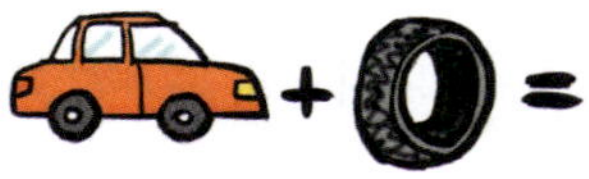
____

4 Einzahl – Mehrzahl

Kreise die Namenwörter in verschiedenen Farben ein!
eine Frucht: rot, mehrere Früchte: blau
Trage anschließend die Wörter in die Tabelle ein.

Birnen
Apfel
Kirsche
Birne
Erdbeeren
Äpfel
Kirschen
Banane
Weintrauben

eine Frucht	mehrere Früchte

Nüsse
Marille
Zwetschke
Marillen
Nuss
Zwetschken
Erdbeere
Bananen
Weintraube

5 Zu viele Wörter

Lies die Geschichte und streiche die zwölf überflüssigen Wörter durch.

Tim, Paul, Marie und Lea gehen Haus an einem sonnigen Tag ins Birne Schwimmbad. Jeder hat einen Rucksack Wasser mit einem Handtuch, einer Sonnencreme, einer einem Kappe und einer Badehose mit. Im Schwimmbad angekommen, ziehen sie sich sofort um, cremen sich ein um und laufen zum Fußballplatz Schwimmbecken. Nacheinander springen tanzen die vier Freunde ins Badewanne Wasser und schwimmen los. Es macht ihnen rot viel Spaß. Am Abend Kasten gehen sie glücklich wieder nach Schwimmbad Hause. Das war ein schöner violetter Ferientag.

6 Lernwörter

Schreibe die Lernwörter in Schreibschrift auf!

heute, gestern, morgen, anziehen, krank, gesund, stark, schwach

1 Bilderrätsel

2 Punkte verbinden

Verbinde die Zahlen von 1 bis 30 der Reihe nach!

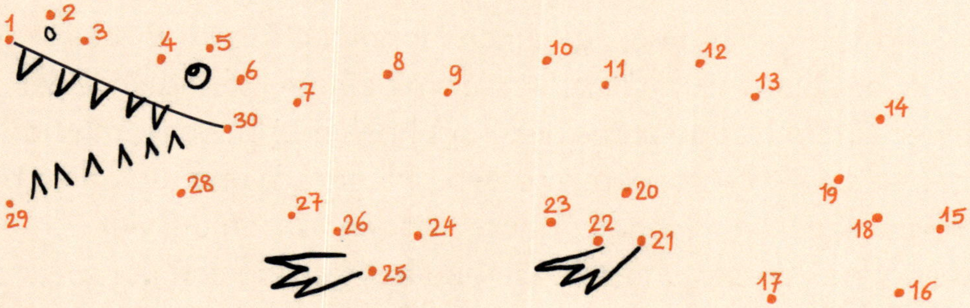

3 Da ist etwas falsch!

Wie heißen die Tiere richtig? Schreibe sie auf!

KROKODAL	GERAFFE	PANGUIN	IFFE
LÖWU	SOOPFERDCHEN	ELAFANT	NULPFERD

4 Schwimmende Buchstaben

In diesem Planschbecken schwimmen fast alle Buchstaben des Alphabets.

Welche fehlen? ______________

Bilde mit den fehlenden Buchstaben Wörter: ______________________

5 Sudoku

Jedes Symbol darf in jeder Reihe, jeder Spalte und jedem Block nur einmal vorkommen!

♥			
		✱	
			▲
	■		

Jeder Buchstabe darf in jeder Reihe, jeder Spalte und jedem Block nur einmal vorkommen!

		A	
B			
			C
	D		

6 Silbenschlange

In dieser Schlange findest du Silben. Immer zwei Silben ergeben ein Wort. Kreise beide mit derselben Farbe ein!

1 Wiewörter

Finde zu jedem Wiewort das Gegenteil!

kurz → ________________ warm → ________________

alt → ________________ groß → ________________

gerecht → ________________ hell → ________________

gesund → ________________ dick → ________________

stark → ________________ gemütlich → ________________

2 Wörter mit Sch und sch

Drei Buchstaben, aber nur ein Laut. Finde zwei Wörter mit:

Sch am Wortanfang: ________________________

sch am Wortanfang: ________________________

sch in der Wortmitte: ________________________

sch am Wortende: ________________________

3 Rätsel

Setze die Wörter richtig in das Gitter ein!

3 Buchstaben: See, Mut
5 Buchstaben: Sonne, Segel
6 Buchstaben: Schule, Freund
9 Buchstaben: Eiswürfel
10 Buchstaben: Wasserball, Schokolade
13 Buchstaben: Schaukelstuhl

4 Ordne diese Früchte nach dem ABC!

____

____

5 Wortfeld gehen

Lies die Sätze! Fällt dir etwas auf?

Emil geht am Strand. Lisa geht langsam an den Schaufenstern vorbei. Susi und Peter gehen auf eine Alm. Andi geht schnell in die Schule. Im Winter geht Mimi gern durch den Schnee.

Setze Wörter ein, die besser passen!

schlendert   stapft   eilt   wandern   spaziert

Emil __________ am Strand. Lisa __________ an den Schaufenstern vorbei. Susi und Peter __________ auf eine Alm. Andi __________ in die Schule. Im Winter __________ Mimi gern durch den Schnee.

6 Lernwörter

Schreibe die Lernwörter in Schreibschrift auf!

wandern   spazieren   schleichen   stolpern   marschieren   sausen   rennen

____

____

1 Unterschied: Namenwort – Tunwort – Wiewort

Male alle Bälle mit einem Tunwort rot, mit einem Wiewort grün und mit einem Namenwort blau an. Trage alle Wörter anschließend richtig in die Tabelle ein.

Tunwörter	Wiewörter	Namenwörter

2 Wörter mit ss

Welche Luftballons gehören zu welchem Kind?
Verbinde richtig.

3 Buchstabenrätsel

a	b	c	d	e	f	g	h	i	j	k	l	m	n	o	p	q	r	s	t	u	v	w	x	y	z
1	2	3	4	5	6	7	8	9	10	11	12	13	14	15	16	17	18	19	20	21	22	23	24	25	26

W____________
23 1 19 19 5 18 18 21 20 19 3 8 5

p____________
16 12 1 14 20 19 3 8 5 14

f____________
6 18 5 9

l____________
12 21 19 20 9 7

s____________
19 3 8 14 5 12 12

4 Wie viele Silben?

Lies die Wörter laut, klatsche zu jeder Silbe und zeichne unter jede Silbe einen Silbenbogen. Schreibe die Wörter in die richtige Baumkrone.

Birne Badehose Kirsche Vogel Eiskugel

Schokolade Sonnenschirm Regenwolken Melone

5 Kreuze richtig an!

Lies die Geschichte und kreuze anschließend die richtigen Aussagen an!

Tobias, Florian und Mariella gehen an einem schönen Ferientag gemeinsam mit ihrer Oma zum Eissalon. Oma kauft jedem Kind eine Tüte mit zwei Eissorten. Tobias nimmt sich Zitrone und Schokolade, Florian Erdbeere und Haselnuss und Mariella Vanille und Erdbeere. Oma bezahlt insgesamt vier Euro und fünfzig Cent.

- ☐ Oma unternimmt mit ihren vier Enkelkindern einen Ausflug.
- ☐ Jedes Kind bekommt eine Tüte Eis.
- ☐ Florian und Mariella lieben Erdbeereis.
- ☐ Oma bezahlt mehr als fünf Euro.

6 Lernwörter

Schreibe die Lernwörter in Schreibschrift auf!

Auto, Fahrrad, Gefahr, essen, Straße, gehen, fahren, Tier

1 Begleiter

Ordne die Namenwörter den passenden Häusern zu!

der | die | das

Zuckerl, Auto, Wolke, Zahn, Torte, Hase, Nase, Baum, Buch

Auch **ein** und **eine** sind Begleiter. Setze sie richtig ein!

______ Eis	______ Wiese	______ Kappe
______ Blume	______ Hund	______ Fahrrad

2 Doppelmitlaute

Finde die Reimwörter und schreibe sie auf!

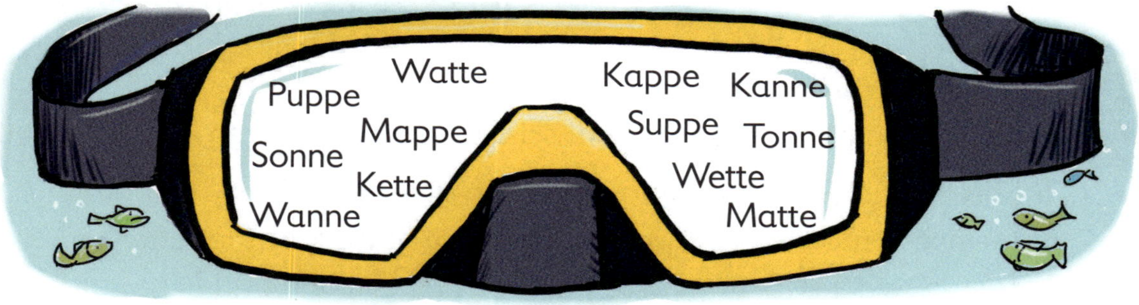

3 Rätsel

A	S	Y	I	A	V	P	F	A	N	N	E	T
G	R	U	P	P	E	O	Z	B	C	F	G	B
T	Y	A	R	P	F	M	I	L	I	P	P	E
E	X	A	T	O	N	K	H	X	W	Z	C	T
F	U	T	T	E	R	E	U	E	M	D	H	T
U	G	A	W	I	O	S	P	I	N	N	E	Z

Hier sind 6 Namenwörter versteckt. Finde sie und kreise sie ein!

4 Teile die Wörter ab!

Aus wie vielen Silben bestehen sie? Trage die Wörter in die Ballons ein!

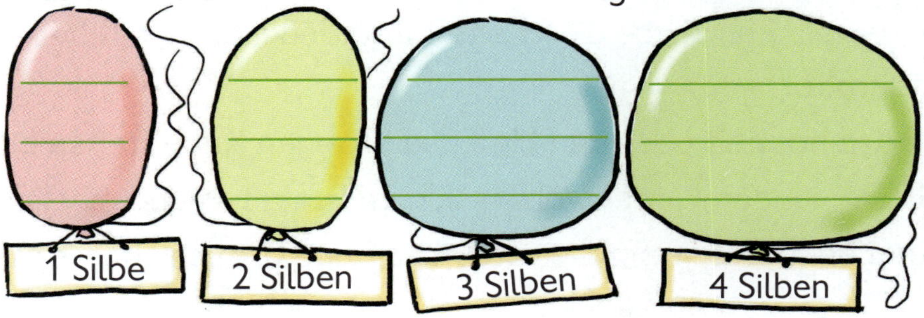

Hut
Brot
Motorboot
Ferien
Hose
Ast
Fliege
Schokolade

Badeanzug Polizist Auto Computerspiel

5 Nach dem ABC ordnen

Ordne die folgenden Wörter nach dem **zweiten** Buchstaben!

6 Lernwörter

Schreibe die Lernwörter in Schreibschrift auf!

süß viel kleben Vater

brav Kartoffel Brief Frühling

1 Unterschied: Namenwort – Tunwort – Wiewort

Unterstreiche mit dem Lineal alle Namenwörter blau, alle Tunwörter rot und alle Wiewörter grün. Trage die Wörter anschließend in die Tabelle ein.

Auf dem Bauernhof

Der kleine Hase hoppelt über den Hof. Die braunen Kühe stehen im großen Stall. Die jungen Ferkel wälzen sich im Schlamm und quieken. Der alte Hund bellt laut, wenn die rote Katze eine graue Maus jagt.

Namenwörter	Tunwörter	Wiewörter
___	___	___
___	___	___
___	___	___
___	___	___

2 Setze die Wörter mit V oder v richtig ein!

vor, vier, Vogel, Vase, Vater, Veilchen, viel, vorbei, Villa, Vieh

Mein ___ pflückt ___ lila ___.	Der ___ fliegt an einer ___ schnell ___.	Die ___ steht ___ dem Obstkorb.	Das ___ frisst sehr ___ Heu.

3 Rätsel

Male alle Felder an, in denen ein V-Wort steht!

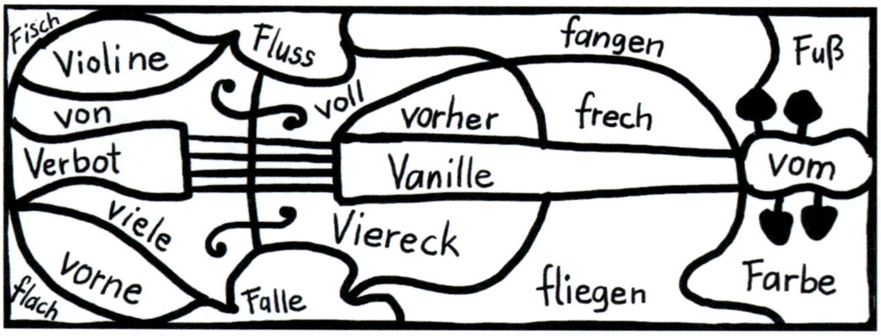

4 Wörter mit ff, ll und mm

Male die Seifenblasen mit ff-Wörtern grün, mit ll-Wörtern rot und mit mm-Wörtern blau an. Trage die Wörter anschließend in die Tabelle ein.

Wörter mit ff	Wörter mit ll	Wörter mit mm

5 Richtig oder falsch?

Lies dir die Sätze aus Übung 1 nochmals durch und kreuze „richtig" oder „falsch" an.

	richtig	falsch
Auf dem Bauernhof gibt es schwarz-weiße Kühe.	☐	☐
Eine graue Maus wird vom Hund gejagt.	☐	☐
Die Kühe stehen in einem großen Stall.	☐	☐
Die jungen Ferkel quieken.	☐	☐
Laut bellt der junge Hund.	☐	☐
Drei kleine Hasen hoppeln über den Hof.	☐	☐

6 Lernwörter

Schreibe die Lernwörter in Schreibschrift auf!

sauber, gefährlich, arbeiten, Tante, Onkel, Bruder, Schwester, spät

1 Namenwörter – Tunwörter – Wiewörter

In der Schlange findest du neun Wörter.
Trage sie richtig in die Tabelle ein!

Namenwörter	Tunwörter	Wiewörter

2 F oder V ?

Schreibe die **F**-Wörter in das Fass und die **V**-Wörter in die Vase!

___ahrrad
___ogel
___ioline
___ahne

___anille
___arbe
___enster
___ater

3 Rätsel

Kennst du das ABC? Verbinde die Buchstaben in der richtigen Reihenfolge, beginne mit A!

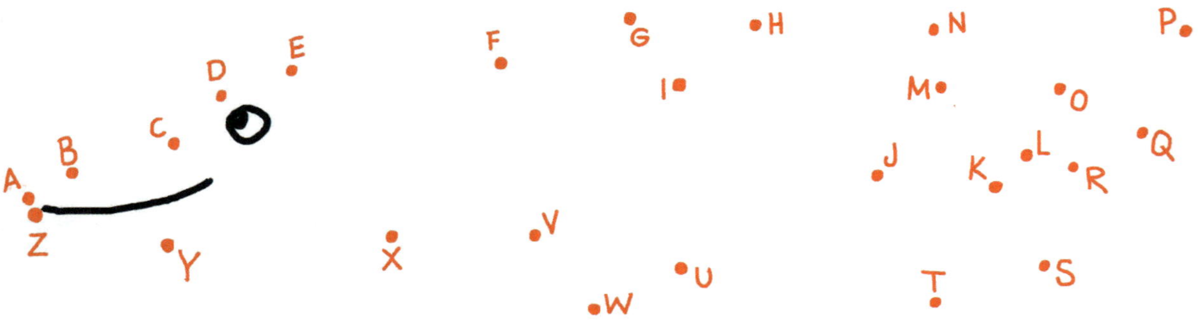

4 Tunwörter verändern sich

Trage richtig ein!

gestern	heute
Ich habe gelesen.	Ich ____________.
Ich habe ____________.	Ich singe.
Ich habe gebadet.	Ich ____________.
Ich habe ____________.	Ich esse.
Ich habe gelacht.	Ich ____________.
Ich habe ____________.	Ich spiele.

5 Finde die Anfangsbuchstaben!

Achte auf die Groß- und Kleinschreibung!

Familie Berger __ährt in __en Urlaub. __err Berger verstaut das __epäck __m Kofferraum. __rau Berger und die __inder Markus und Maria steigen ein. ___ach wenigen ___unden Fahrt sind sie am ___rlaubsort __ngekommen. Jetzt ___reuen sich __lle auf ein paar ____öne Tage.

6 Lernwörter

Schreibe die Lernwörter in Schreibschrift auf!

Telefon Buchstabe Nummer läuten

laut telefonieren früh spät

1 Wörtersuchsel

Hier haben sich sechs Obstsorten versteckt!

2 Labyrinth

Hilf Maxi, den Weg zum Strand zu finden!

3 Schau genau!

A	X	H	U	E	Z	A
H	R	Y	B	G	D	X
Y	R	G	E	Z	B	U
R	E	A	Y	G	U	H
Z	H	X	B	X	R	B
G	A	H	E	Z	R	U

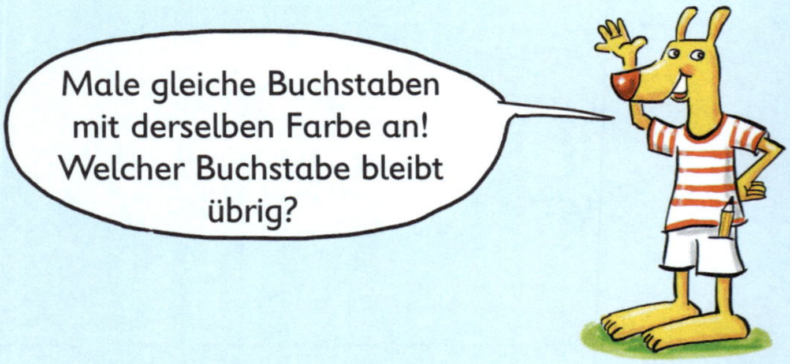

Lösung: ______

4 Lies und male an!

1. Der erste Ball ist grün.
2. Der rote Ball liegt nicht neben dem grünen.
3. Der blaue Ball liegt in der Mitte.

5 Wer hat welches Lieblingsobst?

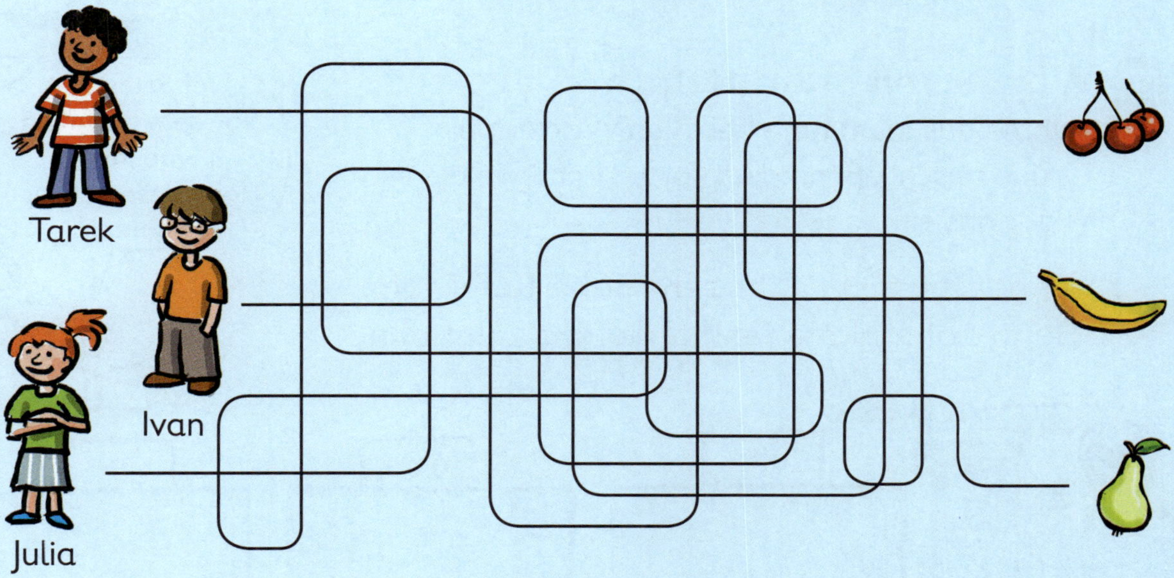

Kirsche: ____________ Banane: ____________ Birne: ____________

6 Was heißt denn das? Schreibe fertig!

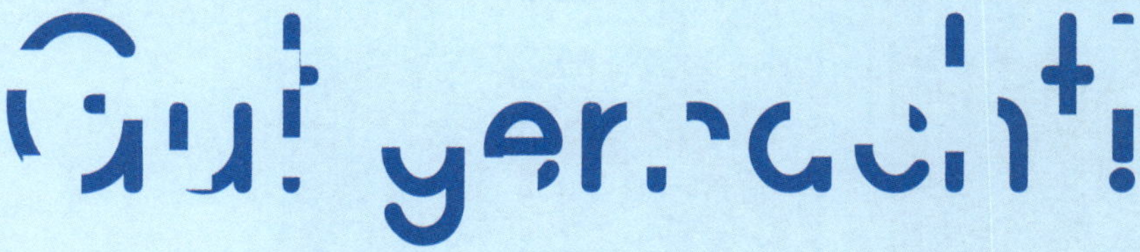

1 Begleitwörter ein und eine

Setze im Lückentext die unbestimmten Begleiter ein und eine richtig ein!

______ Polizist schreibt einen Strafzettel, weil ______ Mann bei Rot über ______ Straße gefahren ist. ______ Schnecke kriecht langsam über ______ Blatt. ______ Bauer fährt mit seinem Traktor über ______ Feld. ______ Hund bellt laut, ______ Katze miaut und ______ Vogel piepst.

2 Wörter mit stummem h

Rahme das **stumme h** bei allen Wörtern ein!
Ordne anschließend die Wörter richtig in die Waggons ein.

Zahl Ohr mehr Jahr sehr Sohn Reh Mohn
Bahn Lohn Hahn fehlen Gefahr zehn ohne

3 Suchbild

Im linken Bild haben sich zehn Fehler versteckt. Finde sie und kreise sie ein!

4 Aus Satzbausteinen Sätze bauen

Bilde aus den Satzbausteinen vier sinnvolle Sätze und schreibe sie auf! Schlage die fehlenden Wörter im Wörterbuch nach, wenn du nicht sicher bist, wie man sie schreibt.

		mit einer 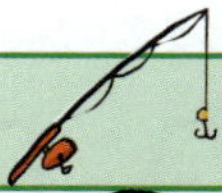	Bilder	gießen.
Ich	kann	mit einem 	Fische	schießen.
		mit einer 	Blumen	malen.
		mit einem 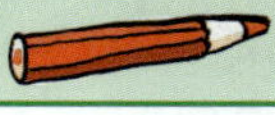	Tore	fangen.

5 ihm oder ihn ?

Setze ihm oder ihn richtig ein!

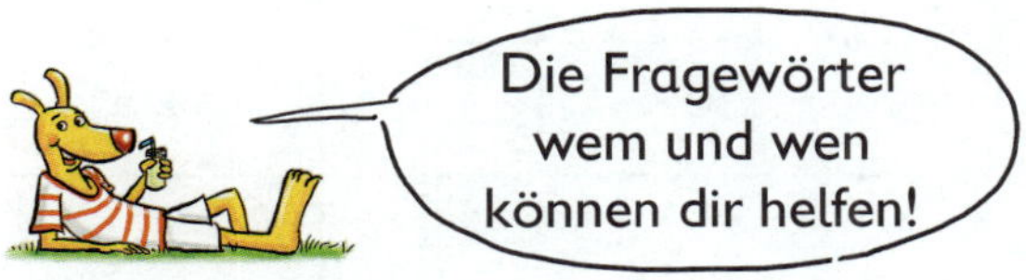

Ich kenne _____. Du gibst _____ den Ball. Der Bub ruft _____ ganz laut. Er hört _____ aber nicht. Die Jause gehört _____. Er holt für _____ einen Apfel. Der Apfel schmeckt _____ sehr gut. Die Mama gibt _____ einen dicken Kuss und winkt _____ nach.

Lösung: 5 x ihm, 4 x ihn

6 Lernwörter

Schreibe die Lernwörter in Schreibschrift auf!

Hase, fragen, sagen, reden, streiten, still, stehen, Kopf

1 Zusammengesetzte Wiewörter

Finde immer zwei Puzzleteile, die zusammengehören. Bilde aus den beiden Wörtern ein Wiewort!

dotter | frosch | himmel | rot | grün | weiß

maus | blau | gelb | blut | kreide | grau

dottergelb ____________ ____________

____________ ____________ ____________

2 Ordne die Wörter mit K oder k richtig ein!

K oder k am Wortanfang	k in der Wortmitte	am Wortende

Katze tanken winken Traktor pink flink kalt Tank kleben

3 Rätsel

Schreibe nur den Anfangsbuchstaben auf!

___ ___ ___ ___ ___ ___ ___ ___ ___

4 Bildgeschichte

Zu jedem Bild passen zwei Sätze. Schreibe sie auf und finde eine Überschrift!

Überschrift

Er setzt seinen Helm auf.	Er bemerkt den Patschen am Vorderrad.
Das war ein kurzer Ausflug!	Nach wenigen Metern hört er ein lautes Zischen.
Heute möchte er einen Ausflug machen.	Max hat ein neues Fahrrad.
Traurig schiebt er sein Rad heim.	Jetzt kann es losgehen!

5 Lernwörter

Schreibe die Lernwörter in Schreibschrift auf!

anstrengen, schwimmen, Birne, Ampel, Vogel, August, lieb, grün

1 Tunwörter verändern sich!

Trage die Tunwörter in die richtige Spalte ein!

tanze, schwimmt, gehst, schaukelt, trinkst, hüpfe, wirft, esse, liest

Ich ______.	Du ______.	Marie ______.
______	______	______
______	______	______

Wie verändern sich folgende Tunwörter?

lernen: Ich lerne. → Du ______. → Er ______.

spielen: Ich ______ → Du ______. → Sie ______.

2 Aus a wird ä, aus o wird ö, aus u wird ü!

Suche die passenden Wörter, trage sie ein und finde die Mehrzahl!

	ein/eine	viele		ein/eine	viele
	______	______		______	______
	______	______		______	______
	______	______		______	______
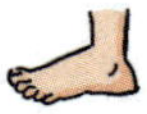	______	______		______	______
	______	______		______	______
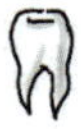	______	______		______	______

Kuh Ball Topf Frosch Zahn Loch

Fuß Fluss Hand Koch Hut Ast

3 Rätsel

Finde heraus, was gesucht ist!

Es ist ein Tier und lebt auf dem Bauernhof. Gerne wälzt es sich im Schlamm. Seine Haut ist rosa. Es hat einen Ringelschwanz und kann laut grunzen.

Es ist ein ______.

4 Ordnen nach dem ABC

In den Sandtürmen haben sich zehn Wörter mit dem gleichen Anfangsbuchstaben versteckt. Ordne sie richtig nach dem ABC!

5 aa – ee – oo

Rahme die Doppelselbstlaute **aa** rot, **ee** blau und **oo** grün ein.
Ergänze dann den Lückentext.

Haare Meer Aal Zoo

Fee Himbeeren Boot Waage

Leo fährt in einem __________ auf dem __________.

Die __________ hat goldene __________.

Der __________ liegt auf der __________.

Im __________ essen die Affen __________.

6 Lernwörter

Schreibe die Lernwörter in Schreibschrift auf!

fahren, Flasche, Becher, süß, Heizung, Weihnachten, Schneemann, November

1 Begleiter

Schreibe die Namenwörter aus dem Schneckenhaus mit Begleiter auf!

2 In der Mehrzahl wird aus au oft äu!

Vervollständige die Liste!

Einzahl	Mehrzahl	Einzahl	Mehrzahl
______	die Bäume	______	die Läuse
die Maus	______	die Faust	______
der Raum	______	das Haus	______

3 Rätsel

Male die Felder, in denen ein Selbstlaut steht, an!

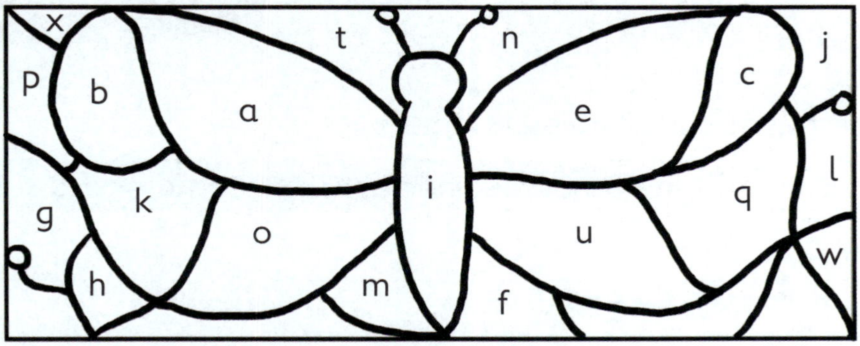

4 Sinnerfassendes Lesen

In jedem Satz ist ein Wort zu viel.
Streiche es durch und schreibe die Sätze richtig auf!

1 Ich gehe liege gerne auf den Spielplatz.

____

2 Julia liest ein Autobus Buch.

____

3 Fred ist ein eine toller Fußballspieler.

____

4 Moni isst turnt gerne Schokoeis.

____

5 Familie Urban macht Urlaub Dinosaurier am Meer.

____

6 Ich gehe bald gestern in die 3. Klasse.

____

5 Setze die fehlenden Wörter ein!

trinke, habe gepackt, packe, habe getrunken, werde trinken, werde packen

Gestern __________ ich meine Koffer __________.
Heute __________ ich meine Koffer.
Morgen __________ ich meine Koffer __________.

Gestern __________ ich Limonade __________.
Heute __________ ich Limonade.
Morgen __________ ich Limonade __________.

6 Lernwörter

Schreibe die Lernwörter in Schreibschrift auf!

Montag, Dienstag, Mittwoch, Donnerstag, Freitag, Samstag, Sonntag

____

____

1 Namenwörter – Tunwörter – Wiewörter

In jedem Satz fehlen zwei Wörter. Suche die passenden aus dem Wörtersack, umkreise sie mit der richtigen Farbe und trage sie unten ein:

Namenwörter ○ Tunwörter ○ Wiewörter ○

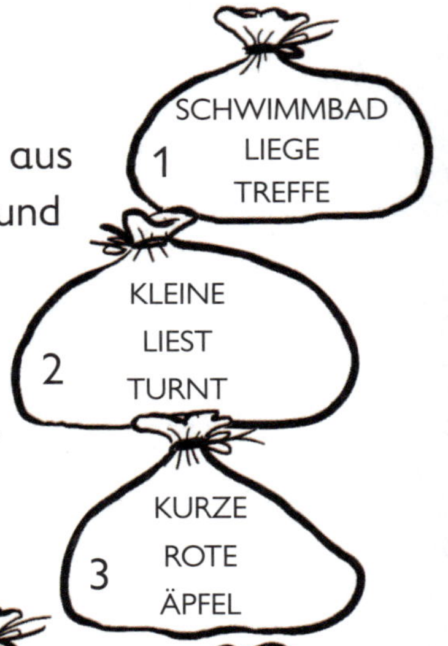

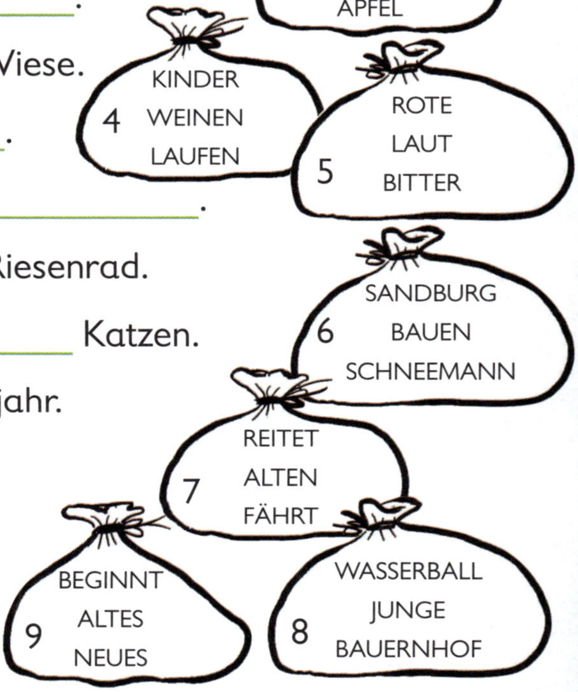

1 Im ______ ______ ich viele Freunde.

2 Alinas ______ Schwester ______ ein Buch.

3 Moritz pflückt viele ______ ______.

4 Die ______ ______ über die Wiese.

5 Der ______ Traktor ist ______.

6 Mira und Jonas ______ eine ______.

7 Susi ______ mit dem ______ Riesenrad.

8 Auf dem ______ gibt es ______ Katzen.

9 Bald ______ ein ______ Schuljahr.

2 Rätsel

Geheimschrift!

____
10 5 4 5 19   14 1 13 5 14 23 15 18 20   8 1 20

____ !
5 9 14 5 14   2 5 7 12 5 9 20 5 18

3 Bildgeschichte

Vervollständige die Sätze! Die Wörter unter den Bildern helfen dir dabei.
Finde auch eine passende Überschrift!

____
Überschrift

Am Morgen ______________________
____

Am Vormittag ______________________
____

Zu Mittag ______________________
____

Am Nachmittag ______________________
____
____

Am Abend ______________________
____
____

In der Nacht
träumt Lea in
ihrem Bett.

4 Lernwörter

Schreibe die Lernwörter in Schreibschrift auf!

Werkzeug, Blätter, einwerfen, billig, Paket, wählen, weiß, buchstabieren

____
____

... zum Geschichten-Erzählen

1 Bildgeschichte

Erzähle zu jedem Bild in einem oder mehreren Sätzen!
Die Wörter darunter helfen dir.

Geburtstagfeier, Torte, Gäste   Hund, stolpern, Torte fliegt   voll erwischt

2 Personenbeschreibung

3 Pudding kochen

Beschreibe, wie du Pudding kochst.
Achte auf die Zutaten und die richtige Reihenfolge:
½ l Milch, Topf, Puddingpulver mit etwas Milch verrühren, 3 Esslöffel Zucker dazu, Milch aufkochen, Pulver einrühren, in kalte Formen gießen
Beginne so: Ich nehme …

Für weitere Informationen steht Ihnen gerne Ihre VERITAS-Kundenberatung zur Verfügung.
Rufen Sie einfach an, schicken Sie ein Fax oder ein E-Mail!
Tel. 0043/(0)732/776451/2280, Fax: 0043/(0)732/776451/2239
E-Mail: kundenberatung@veritas.at
Besuchen Sie uns auf unserer Website www.veritas.at

8. Auflage (2023) – entspricht der Rechtschreibreform 2006.
Auf umweltfreundlichem Papier gedruckt bei: siehe https://produkt.veritas.at/35174#additional
Lektorat: Beatrix Brückler, Klaus Kopinitsch
Bildredaktion: Alexandra Rittberger
Herstellung, Layout und Umschlaggestaltung: Irene Demelmair, Julia Bamberger
Illustrationen: Ulf Kossak
Umschlagfoto: ms. foto.group/Linz
Satz, Montage, Offsetproduktion: Tanczos KG, St. Florian

ISBN 978-3-7101-0375-9

Rätselfragen

Für jeden erledigten Tag findest du hier eine Rätselfrage.
Tipp: Das Lösungswort hast du an diesem Tag schon geschrieben.
Suche das Lösungswort dann auf der Seite rechts und
male es in der Farbe der Seifenblase an!

Tag 2
Wie heißt das Gegenteil von klein?
____

Tag 6
Welche Frucht ist gelb und schmeckt sauer?
____

Tag 1
Wie heißt der 8. Monat?
____

Tag 4
Wie heißt das Gegenteil von heiß?
____

Tag 8
Was kannst du in einer Bücherei ausborgen?
____

Tag 10
Welcher Himmelskörper kann zu- und abnehmen?
____

Tag 11
Welches Tier kräht?
____

Tag 14
Aus welchem Gemüse wird Ketchup gemacht?
____

Tag 3
Welches Tier trägt sein Haus auf dem Rücken?
____

Tag 13
Worin kocht die Suppe?
____

Tag 15
Was kannst du mit Schaufel und Kübel bauen?
____

Tag 7
Was macht man auf einem Trampolin?
____

Tag 12
Womit fährt der Bauer aufs Feld?
____

Tag 5
Wo kannst du Wörter nachschlagen?
____

Tag 9
Was braucht man zum Stricken?
____